# 7

# PASOS

## PARA UN

# EVENTO

## PERFECTO

TATIANA
BENITES

# Sumário

Si usted quiere ser un organizador de eventos profesional o simplemente saber cómo organizar un momento especial para usted, un amigo o familiar, el simple hecho de leer ese libro puede hacer la diferencia en su evento.

Si sigues exactamente lo que está aquí, usted tendrá un EVENTO PERFECTO.

Te invito a darse cuenta de cuánto ya está cerca de hacer lo mejor y ver el mejor resultado posible.

# primer
# PASO

¿Qué tipo de evento se hará?

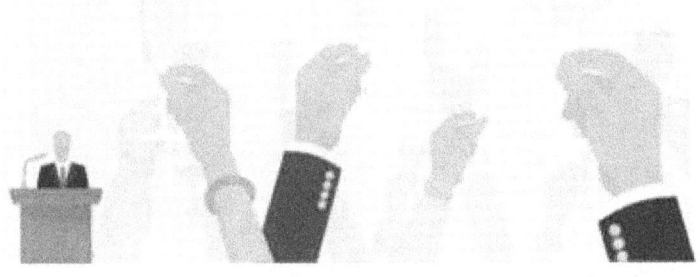

TATIANA
BENITES

# Primer paso: ¿Qué tipo de evento se hará?

El primer paso es saber qué se hará. ¿Qué tipo de evento quiero hacer?

¿Una fiesta de cumpleaños?

¿Una reunión de amigos?

¿Un evento para la empresa?

¿Una reunión formal?

¿Una fiesta temática?

¿Una feria?

¿Una boda?

¿Un evento deportivo?

¿Una excursión?

Cada uno de estos eventos tendrá una característica diferente y requerirá un tiempo específico para su organización. Por ejemplo: Si tiene que organizar una feria, del tipo Feria del Libro o Bienal del Libro, necesitará por lo menos un año de antelación para organizar todo, contactar a todos los proveedores, cerrar los proyectos, regalos, etcétera.

Un cumpleaños puede ser simple o complejo, dependerá del número de invitados, edad, tema, etcétera. El cumpleaños infantil, quizás, demande más tiempo para organizar que un cumpleaños de adulto, que no tendrá tema o decoración con adornos temáticos y recuerdos para invitados.

En realidad, en el área de eventos todo DEPENDE.

Depende del lugar, depende de la cantidad de personas, depende del público y depende, principalmente, del tema del evento.

Por lo tanto, vamos a pensar en preguntas básicas que deben ser respondidas en ese momento:

- ¿Qué tipo de evento quieres hacer ahora?
- ¿Para quién?
- ¿Para cuantas personas?
- ¿Donde será?
- ¿Cuándo será?
- ¿Cuánto tenemos de dinero para este evento?
- ¿Quién más va a ayudar en esa organización?
- ¿Tiene tema? ¿Qué?

Después de responder a estas primeras preguntas claves, ya tendrá gran parte de la información principal para iniciar su organización de eventos perfectos.

Guarde estas informaciones, pues trabajaremos con ellas y muchas otras que complementarán su jornada de organización.

# segundo PASO

## Los invitados

TATIANA
BENITES

# Segundo paso: Los invitados

Después de saber qué tipo de evento tenemos que organizar, necesitamos saber quién invitaremos. Para algunos estilos de evento la elección de los invitados es fundamental; para otros, la invitación se puede hacer de forma genérica.

Por ejemplo:

Para una boda la elección de los invitados es muy importante, ya que es una fecha importante para los novios y sus familias. Un invitado desagradable puede estropear la "fiesta de los sueños" que fue tan bien planeada.

En este caso, la lista de invitados se realiza en conjunto. Generalmente, los novios hacen la lista y sus familias también colaboran con las "sugerencias". En un matrimonio no sólo la elección de las personas, sino también el número de invitados es de extrema importancia, pues hay tres factores fundamentales que influencian:

- El tamaño del lugar de la ceremonia religiosa

- El tamaño del lugar donde se realizará la fiesta

- El precio de la comida, pagado por persona

Esta regla también vale para fiestas de jóvenes o adultos que celebran en *buffets* infantiles, sea cual sea el tipo o edad.

Ejemplo para eventos corporativos (de empresas):

Cuando el evento corporativo es interno - por ejemplo, una reunión, presentación o demostración - es importante que al menos un representante de cada área involucrada sea invitado. Cuando el evento es externo, hay varias opciones, como:

- Ferias y exposiciones

- Eventos deportivos

- Eventos culturales

- Convenio de ventas

- Salas

- Congreso

- Lanzamiento o relanzamiento de productos / servicios

- Los desfiles

- Y muchos otros

Cada uno de estos eventos tiene características muy diferentes.

Tomemos el ejemplo de una feria de negocios que tendrá lugar en un gran centro de exposiciones en Brasil. Supongamos que la entrada en la feria es libre, por lo que cualquier persona puede entrar sin pagar.

Para este tipo de evento, podemos invitar a cualquier persona: parientes, amigos, clientes, proveedores, lista de contactos y otros.

Si esta feria fuera cerrada y sólo entrar a personas con invitaciones, la elección de invitados ya sería más restringida.

¿Qué necesitamos tener en cuenta?

• Clientes potenciales (es una feria para nuevos negocios);

• Clientes de la empresa (que pueden conocer otros servicios ofrecidos, además de también sentirse *VIPs* en una feria de pocos invitados);

• Clientes fieles que pueden hacer nuestra propaganda y nos indican a nuevos clientes.

Con eso nuestra lista sería muy bien seleccionada por orden de importancia para el negocio.

# tercero
# PASO

## ¿Cómo será la invitación?

TATIANA
BENITES

# Tercero paso: ¿Cómo será la invitación?

Actualmente, la mayoría de la gente cree que una simple invitación por correo electrónico o Facebook ya es suficiente. "Es más barato y tiene el mismo efecto". Para algunos eventos, realmente ese puede ser el modelo ideal, pero eso no sirve para todos.

Dependiendo del evento, el formato de la invitación o la forma de entrega puede hacer la diferencia.

Las invitaciones de boda tienden a ser muy bien elaboradas, con tamaños diferenciados y fuentes rebuscadas. El papel es especial, el recorte, la relevación, la tinta, cada detalle hace la diferencia. ¡No se puede perder todo esto y simplemente enviar una invitación de boda a través de un evento de Facebook!

Cuando hacemos un evento que queremos causar expectativas, podemos enviar un **TEASER**. Usamos este término para invitar a las personas a experimentar algo y sólo descubrir lo que es en el evento. Por ejemplo, enviar una semilla de planta con la frase "Venga a plantar sus expectativas con nosotros y participar en una nueva fase en su vida."

Así, sólo al llegar al evento es que la persona descubre que se trata de calidad de vida de una gran compañía.

O se puede enviar una caja vacía para que la persona reciba su regalo en el evento. Enviar sólo un pendiente y la persona completar el par si va al evento.

Una invitación de esa forma genera expectativa y puede encantar a los invitados.

La invitación puede también ser un regalo, un brindis o simplemente una invitación impresa. El formato creativo dependerá del tipo de evento, tema y del público invitado.

Para algunos eventos utilizamos más de un *TEASER*. Por ejemplo: Enviamos algo un mes antes del evento y un segundo *teaser* 15 días antes y, en algunos casos, un tercer *teaser* 7 días antes. Puede ser virtual o real.

La invitación digital es muy útil para eventos personales como aniversarios, fiestas, casas nocturnas, reuniones, pequeños lanzamientos o inauguraciones y muchos otros.

Las invitaciones se envían por correo electrónico o redes sociales. Pueden ser compuestos solamente de texto, de un arte creativo o fotos.

Por supuesto, el formato de la invitación es muy importante, pero hay otros dos elementos esenciales también: la forma de entrega y el contenido.

ENTREGA DE LA INVITACIÓN:

La entrega de la invitación puede ser:

• Virtual, por correo electrónico o redes sociales;

• Mobile, por whatsapp, sms, viber u otro dispositivo;

• Personalmente, en las manos;

• A través de correo, transportistas o *motoboys*;

• Entrega diferenciada.

**¿Cómo es una entrega diferenciada?**

Podemos entregar una invitación de un concierto de rock, por ejemplo, con entregadores vestidos de rockeros.

Hace unos años orienté un proyecto de conclusión de curso, cuyo cliente era el Mercadão de São Paulo/ Brasil. Los alumnos deberían entregar las invitaciones a los componentes de la tribuna examinadora. Este grupo usó la creatividad y entregó la invitación impresa junto con un bocadillo de mortadela del Mercadão (el más famoso bocadillo del local, con 500g de mortadela). Pero eso no fue todo. El entregador estaba con delantal del mercado y entregó a mano la invitación personalizada. ¡Mira cómo fue interesante!

**Resultado:** La primera cosa que los invitados de la tribuna examinadora hablaron el día de la presentación fue sobre la invitación con el entregador y el bocadillo de mortadela. Con eso ganaron el prestigio de los examinadores.

CONTENIDO DE LA INVITACIÓN:

Es importante que TODAS las informaciones estén en la invitación de forma clara. Las palabras simples, independientemente del público, son la mejor opción.

Observe que es imprescindible la información:

• Fecha

• Hora

• local

Sin embargo, en muchos casos, es importante destacar informaciones como:

• Entrada sólo con la presentación de esta invitación.

• Ropa (social, deporte, etcétera.)

• La entrada de niños hasta 12 años no será permitida.

- No se permitirá la entrada de personas con ...
(objeto / ropa / pieza).

# cuarto
# PASO

Contratación de los proveedores

TATIANA
BENITES

# Cuarto paso: Contratación de los proveedores

El organizador del evento es el responsable de la contratación de todos los proveedores, de los elementos más importantes a los menos importantes. Si hay un proveedor menos importante en un evento.

Es importante que el organizador piense en todos los detalles. Para eso lo mejor es hacer una lista de todo lo que debe ser provisto. Por ejemplo:

- Lista de Invitados

- Invitaciones

- Tablas

- Sillas

- Manteles

- Decoración de la mesa

- Música (DJ, cantantes, lista de canciones en el ordenador)

- Equipo de sonido

- Buffet (comidas y bebidas)

- Recepcionista

- Tostado / Recuerdos

- Y todos los elementos necesarios para su evento salir perfecto.

Es el organizador que se pondrá en contacto con los proveedores, sea por teléfono, correo electrónico o personalmente. Él que va a buscar las alternativas de modelos y valores para mostrar a su cliente, mostrándole varias opciones para lo que desea. Por ejemplo: tres opciones de decoración para que el cliente pueda elegir la mejor.

Importante también es mostrar el origen de los presupuestos, diciendo quién es el proveedor, sin miedo del cliente, pues eso prueba su sinceridad con el cliente y usted puede ganar aún más su confianza.

Encuentre proveedores confiables, averigüe si cumplen los plazos combinados y se entregan realmente la mercancía que se encarga.

Algunos proveedores se asocian y usted puede ganar comisión si compra con él con cierta frecuencia. ¡Eso es una gran ventaja!

Recuerde: busque un proveedor que atienda su necesidad, investigue si cumple plazos y entrega lo que realmente se pidió.

¡Eso garantiza el éxito de su evento!

# quinto
# PASO

Organización del día del evento

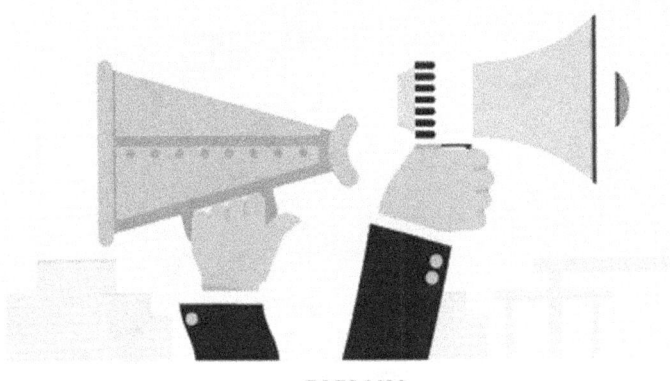

TATIANA
BENITES

# Quinto paso: Organización del día del evento

Si usted ya ha marcado todos los elementos que deberían ser proporcionados y combinó todo con sus proveedores, su evento tiene todo para salir bien, pero queremos que sea un evento perfecto, así que para eso necesitamos preocuparnos por el control del evento en el día.

¡En el día del evento TODO TIENE QUE ESTAR BIEN!

Haga una lista de todos los elementos que tendrá que ver en el día del evento. Para facilitar, coloque los horarios.

Ver un ejemplo:

Fiesta nocturna en casa

9:00 - Llegan las mesas y sillas del proveedor X

10:00 - Llegan las toallas de mesa del proveedor Y

11:00 - Ver los recuerdos que llegaron la semana pasada.

12:00 - Arreglar las mesas y el espacio de baile.

12:30 - Conferir cubiertos, platos y vasos

15:00 - Llegan los equipos de sonido e iluminación del proveedor Z

16:00 - El *buffet* llega y comienza a organizar la cocina

18:00 - Llegada del DJ

19:00 - Llegada de los invitados

21:00 - Llegada de la atracción invitada de la fiesta

01:00 - Final de la fiesta

02:00 - Inicio del desmontaje

Esto puede facilitar mucho el control de los proveedores. Si uno de ellos demora, usted tiene que llamar y cobrar.

Además, tiene un control de lo que va a suceder en el evento, por ejemplo:

19:00 - Llegada de los invitados

20:00 - Inicio de la canción

21:00 - Atracción de la fiesta

21:30 - Servir la cena

22:00 - Hacer el discurso

23:00 - Distribuir el recuerdo

00:00 - Apagado del sonido

Y POR AHÍ VA.

Lo importante es tener el control de todo el tiempo del evento para que todo salga como lo planeado.

Los invitados no sabrán de sus controles, por lo que, si algo retrasa o no funciona, usted todavía puede improvisar o cambiar el orden de las cosas, si el modelo del evento lo permite.

Recuerde tener un Plan B, si se sabe que algo puede correr el riesgo de fallar.

Las improvisaciones pueden ocurrir, pero para el EVENTO PERFECTO no podemos contar con eso. Es importante que todo funcione dentro de lo esperado.

Si algo va mal, no te desesperes, usa la imaginación y busca soluciones.

¡Llorar no solucionará el problema!

# sexto
# PASO

## Evaluación del evento

TATIANA
BENITES

# Sexto paso: Evaluación del evento

Después de que el evento termina, es esencial que hagamos el balance sobre lo que funcionó y lo que podría mejorarse.

Verificamos si los proveedores fueron realmente buenos y si volveremos a contratarlos en los próximos eventos.

Puede hacer una nueva tabla y colocar notas de 0 a 10 para cada ítem. Usted sabrá en qué proveedor confiar y podrá contar con ellos en los próximos eventos.

Este también es el momento de verificar lo que queda y qué hacer con el material. Los regalos que sobraron, materiales del evento y decoración, todo necesita tener un destino correcto para que no haya problema con el cliente después.

Dale satisfacción al cliente de todo lo que sobró, como fue separado y hacia dónde va.

# séptimo PASO

## Post-evento

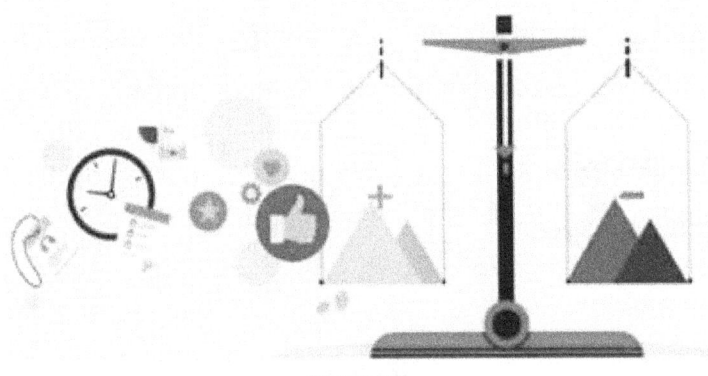

TATIANA
BENITES

# Séptimo paso: Post-evento

Después del evento, usted puede enviar al cliente un correo agradeciendo la confianza por la elección de su empresa (o persona física / autónoma).

También puede enviar una encuesta de satisfacción para conocer la opinión del cliente sobre tus servicios y proveedores. Muchas empresas temen enviar la encuesta de satisfacción. Pero cuando usted tiene el retorno del cliente, positivo o negativo, podrá minimizar los errores en los próximos eventos. Es siempre bueno saber nuestros puntos fuertes y débiles. Así, podemos valorar nuestros puntos fuertes en las próximas ventas, propagandas y minimizar o exterminar de vez los puntos débiles.

De esta forma, si ese evento no fue perfecto, el próximo será.

## Acerca de la autora:

Tatiana Benites es publicitaria, profesora, escritora, empresaria y terapeuta. Tiene experiencia de más de 20 años en organización de eventos sociales y empresariales. Siempre le gustó enseñar lo que aprendió en la práctica a través de sus cursos y clases. Ha invertido en su carrera académica y coaching para perfeccionar sus técnicas para desarrollar personas y realizar sus sueños.

## Contactos con la autora:

Blog: https://www.tatianabenites.com/

Facebook: http://www.facebook.com/tatibenites2

**Youtube Tatiana Benites**
https://www.youtube.com/c/TatianaPachecoBenites

Instagram: http://www.instagram.com/tatibenites

Twitter: http://www.twitter.com/tatibenites

TATIANA
BENITES